Flor de amaneceres

Nuevos poemas del Hatun Mayu

Yaxkin Melchy

Melchy, Yaxkin

Flor de amaneceres : nuevos poemas del Hatun Mayu / Yaxkin Melchy. -
1a ed - Capilla del Monte : Martín Darío Cernadas Toba, 2024.

Libro digital, Amazon Kindle - (Ecopoesia / Yaxkin Melchy Ramos)

Archivo Digital: descarga y online
ISBN 978-631-00-4133-9

1. Poesía Latinoamericana. 2. Haiku. I. Título.
CDD 808.8141

Editorial Tepatiki Ediciones
Cerro Aconcagua 2270, Capilla del Monte, Córdoba Argentina
www.tepatiki.com.ar
Diseño de cubierta: Yaxkin Melchy

Impreso por Cooperativa Esquina Libertad, Valentin Viasoro 1651, CABA,
Argentina

半径 1 m の円があれば

人は 座り 祈り 歌うよ

Si tienes un círculo de 1 metro de radio

te sientas   oras   y cantas

Nanao Sakaki

Xk'ut ub'e'el kumal chikop.

Los que enseñaron el camino fueron los animales.

Popol Vuh

Traducción de Sam Colop

Este libro es la historia de un camino que cruza Japón y México.

Fue escrito durante mi primer viaje a aquel país, luego en México y
de regreso a Japón.

Kokopelli

Son muchos los caminos y las semillas

ayúdame a escoger esas que

serán mi futuro alimento

ayúdame a escoger las que

llenarán con dulzor mi boca.

Itadakimasu

Recibir con gratitud

18 de noviembre, 2016

Sol que en los átomos de las flores

medita con tranquilidad de estrellas.

Mi corazón es otra flor

una que canta con estas palabras

a tus reinos

sobrevolando el Pacífico Norte.

a10,972 metros de altura.

Si puedes comer este arroz te conectas a otras vidas, la de los agricultores y nunca estarás solo.

Yo, con compasión tomo tu vida para la mía:

itadakimasu

Takenotsuka, Tokio.

Día 26 en los alrededores de Ichinomiya, la lluvia, es ligera a finales de otoño. Las casas, modestas, una zona de pequeños pueblos avanza a lo largo de las vías del tren. A mi lado se sienta un hombre hablando en japonés, lengua difícil, la primera vez en Japón he tenido que aprender a comunicarme de manera rústica, con pequeñas frases y señas. Ahora viajo a Nagoya, desde Kisogawa-eki. De ahí volveré a viajar de regreso a Kisogawa.

Video script and narration

Voy anotando las estaciones:

Inazawa

Kiyosu

Biwajima

Poesía de trenes

poesía de los Budas

Dios, dame fuerza

todo lo puedo en ti que me fortaleces

Prueba que no es de la mente

ni del cuerpo

sino del espíritu

reuniendo el mundo

Este viaje, una prueba frente a la adversidad

a la soledad

Junto a Andrés

pelear no resuelve, baja los ánimos

no aligera la carga

Qué la poesía brille por debajo de esta lluvia

ame ni mo makezu

Qué el corazón crezca

como una hierba

de fuertes raíces

crecimiento que no es visible

porque es hacia adentro

se hunde en el espíritu

lo fortalece

Estar bien plantado

dice Rita

crecer rectamente

Fuerza necesaria para elevarse al cielo

—Nagoya eki—

Piel que me cubres, abrigo de noche y de día

luz, calor, viento, agua, fuego, tierra

Mundo que entra y vuelve en mis poros

vida que entra y sale en mis poros

Piel, jardines de la casa del corazón

—Nagoya eki—

De regreso por el camino

crece el musgo

y otra vez de regreso

El río baja

cantando

¿Escuchas?

las galaxias

son los ríos del tiempo

los ríos de los mundos

que se filtran y se resguardan en tu corazón.

Aichi, Japón.

Noche despejada de luna nueva en la que se observa el Hatun Mayu, el mismo día en que Shigeru san nos llevó a subir la montaña nevada a contemplar las huellas de los animales en la nieve.

Huellas en la nieve

Quiero comprender la sabiduría

de los cantos antiguos que he olvidado

Dejo mi corazón

en brazos de la Vía Láctea

Hatun Mayu

¿Cuál es la sabiduría

que se encuentra en el bosque?

¿le dirás a quién entrelaza su pensamiento y corazón

a los demás seres?

Quizá con las fibras naturales de la respiración

que entrelazan todo cuanto existe

Fibras a las que pertenezco

en el tejido de mis abuelos y abuelas

que tejieron el puente sobre el Gran Río de estrellas

Hatun Mayu, hoy, hay noche serena,

el que te contempla es contemplado,

quizá fueron las huellas del sabio en la nieve

      por donde pasaron los ciervos

        los tanuki, los zorros

          y los pájaros

el dios del río

      y el dios de la montaña

Quizá

el bosque custodio de viejas cumbres

      donde la eternidad mueve las estrellas

Mi corazón, el cielo, los macacos

Shigeru-san

y el monje de piedra meditando

La transparente red de fibras

      es lo que se ha vivido en la luz del día

¿Y de quién es la vida

      esto que llamo andar,

            camino?

Patrón antiguo,

      mapa de estrellas,

         guardián del canto,

ya me siento a escuchar la belleza de la Vía Láctea

voy humilde

y el bosque me escucha

—*Éste es el hombre que es amplio*

y fuerte

y profunda y grande es su casa.

Diciembre de 2016, Deai, Tokushima, Japón.
Enero de 2017, Ajusco, México.
Enero de 2018, Ichinoya, Tsukuba, Japón.

* Hatun Mayu, gran río o alto río, es una palabra quechua que refiere a la
Vía Láctea vista desde la tierra.

Gran vida

19 de abril- 23 de mayo, 2017

Gran vida

Han caído las jacarandas

ya es abril

y escribe la hierba

Aquí, conmigo

Andrés toca la guitarra

(yo escucho detrás de la puerta)

mientras la llama de

la veladora

tiembla

y un pájaro trina

Padre,

el sol de los poetas

el sol de las piedras

el sol de Anáhuac

alumbra los edificios

Algo que toco ya no tiembla

algo mueve mi voz

y no es el aire

sino las estrellas

que detrás de los pájaros

permanecían dormidas

Padre,

el canto también

llega a estos lugares

envueltos en cables y enredaderas

Mis palabras

ya las oigo palpitar

con el corazón

de la música

de la guitarra

Padre,

todos los seres

caminamos en el cielo

donde Dios ha puesto

los pies

y ha crecido la vida

sin fin

y sin principio

Padre,

la misteriosa y vibrante vida

de la que la palabra es fruta

Padre, el cielo azul

para pequeños seres

que son como pájaros

para corazones

que tras la tormenta

son charquitos

que reflejan árboles

soles

y estrellas

Padre, por aquí pasé,

mirándome,

asomándome en tus ojos

y entre el polvo

amé una luz radiante

Ahora he sentido

la claridad limpiando

mis ojos

la anchura del cielo

alimentando el musgo

y la cálida tarde

de abril creciendo

en las ramas de los colorines

y las jacarandas

Qué manera es ésta,

padre,

de amar lo sólido

en el movimiento

Qué manera es ésta,

padre,

de pensar

en las espirales

del crecimiento y el amor

en la bondad de la luz

y la noche

en la que germinan

las caricias

de la sagrada eternidad

Padre, cada letra

cada gesto antes del trazo

cada respiración

es un lago eterno

insondable y profundo

donde nacen las formas

la arena

el viento

el fuego

la savia

sin sed

que se transforma

Padre,

árbol del que soy semilla

ayúdame a crecer mis raíces

a ahondar en el amor

sin límites

a mantener la vertical,

a cobijar las plumas

del pájaro

que canta a Dios

por la mañana

Padre,

ayúdame a recitar lo que recibo

como agua en sueños,

a leer entre estrellas

días más amplios,

a observar en los nombres

el tiempo, el polvo, las grietas,

a venerar

a mis antepasados

para conocer el bosque,

y a moverme en el río

de los sabios

hasta entibiar la voz

Padre,

el humilde instante

sostiene al mundo

y jamás se derrumba

Yo a tu lado

escucho el sueño

de la mariposa:

—Ya es abril

y ha llegado la primavera

ofrezco mi vida al canto

de la canción sin nombre.

Casas grandes, Narvarte - Ajusco, Ciudad de México.
2024, Ninomiya, Tsukuba, Japón.

Viveros

Principios de mayo

Ayer, Federico nos regaló su libro con trazos, divagaciones y
poemas prestados:

Como el pequeño arroyo que labra su camino

a través de las grietas cubiertas de musgo,

yo también en silencio

me vuelvo claro

y trasparente.

Ryōkan

en los Viveros de Coyoacán.

29 de mayo

Estos ojos con los que busco a Dios
son los mismos con los que él me ve

Maestro Eckhart

Sueño

¿Por qué llevas demasiadas cosas en tu maleta?

Siéntate

Los días y las noches limpiarán tu cuerpo con agua fresca

Dios en persona

lavará tu cuerpo

y sanará tus cicatrices.

Los ángeles cortarán

el mal de tu corazón

como finos cirujanos

y la sabiduría del árbol

hablará a quien Es

—Has dejado de buscar Himalayas

Las alas no están a la espalda

sino en los pies—

Entonces traerán tus ancestros

hermosos ropajes, agua fresca

y el bastón del viajero.

Ciudad de México.

Como hace miles de años

Dios de la lluvia

canta la verdad transparente

que riega la flor del mundo

Cada gota cae

Cada corazón late

¡Ya en la vereda se forman los charcos!

La ciudad es un riachuelo

y a la deriva

un par de insectos canta sobre una hoja

Issa,

mis sueños tocarán las raíces

mi respiración alimentará el amor,

el buen cobijo,

la fresca sombra

Dentro de poco será el cumpleaños de

Andrés

なるほど

Naru hodo

hermosa

flor de la humanidad

canto:

—*noche de sueños en la Vía Láctea*

Julio de 2017, Narvarte, Ciudad de México.
Noviembre de 2017, Estanque Hyōtarō, Tsukuba, Japón.

Y mientras voy y regreso en el mundo

cuida mi reflejo,

Lago de Texcoco.

Julio de 2017, Narvarte, Ciudad de México.

Diálogo

Corazón,
tesoro de Dios
la fecunda tierra donde crece
el mundo

La luz del día
que ilumina el paraíso

¿Qué tengo?
este collar precioso de días
y un buen asiento para contemplar las estrellas

¿Qué tengo?
la música del viento
en el río de mi sueño
y la ternura que cuido
como la flor de mi palabra

¿Qué tengo?
En el balcón del mundo, canto

-Astro espiral de amor,
siguiendo tu brillo…
mi corazón navega en el río
del tiempo.

Casas Grandes, Narvarte, Ciudad de México

Qué lugar perseguirás

ahora, mente

si flores y pájaros

llenan el camino

de las montañas.

Santo Domingo Ocotitlán, México.

El colibrí dorado

La poesía

Volviendo al sueño original

que es el sueño

que nos sueña

Volviendo al río de la vida

que es el río padre

que abre caminos por el mundo

Volviendo al amor original

que es la tierra madre

donde se gesta y crece

la semilla de la vida

Hemos encontrado la palabra

canto del corazón

cántaro del agua

donde se guarda

la luz de galaxias

y estrellas

la unión día y noche

de primavera e invierno

verano y otoño

tejidos con los hilos

de la memoria

y la sorpresa

Como un pájaro que sale del nido

el Sol y la sombra del fresno

doran mis plumas

La flor del mundo

tocada por el viento

regala su aroma

a mis sentidos

Una cascada de mirada transparente

riega el jardín visionario

y llena con su sonido el alba

Estoy a donde mis pies

me han traído

a donde mis alas

me han inspirado

¿Será aquí donde mi corazón

encenderá una estrella?

2017, Casas Grandes, Ciudad de México.
2024, Ninomiya, Tsukuba, Japón.

Sueño

—Las barbas de los sabios

son una sola—

Ciudad de México.

Budha Bunny

Al Dr. Luis O. Gómez

En la congregación de los grandes maestros,

sabios, arhats, bodisatvas

y millones discípulos del Buda,

bajo flores de mandarava que caían

en torno al que así ha venido

éste pronunció emanando luz

a los diez rumbos del universo:

—*Voy a contarles*

de cuando yo era un conejo…

Ciudad de México.

Raíces

El terremoto,

gran pálpito de la Tierra,

me ha preguntado

¿Quién eres tú

en este río de la vida?

Nací en la Ciudad de México en el año de un terremoto, 1985. Las raíces del árbol de mi padre están en el sureste mexicano, las raíces del árbol de mi madre están en la cordillera central de los Andes peruanos, Rancas, Goyllarisquizga.

Nací durante la gran lluvia del fin del siglo XX, lluvia de sueños. A comienzos del siglo XXI, soy poeta, investigador y artesano de libros que busca trenzar un camino firme, para que camine el corazón entre la lluvia de sueños. Estudié la maestría en estudios de Japón, para entender la poesía-vida del poeta itinerante Nanao Sakaki, a quien conocí siguiéndolo en estos sueños. Nanao, cuyas emociones de júbilo se parecen a las mías, un largo día mientras sobrevolamos las montañas Rocallosas. Quizá por eso me invitó a sentarme y beber un café en el mundo de este sueño:

—Cantando al 心 kokoro

el río del cielo

y el río de la tierra

charlan en armonía

Conserva tu raíz y como brote nuevo te levantarás.

Septiembre de 2017, Ciudad de México.
Mayo de 2024, Ninomiya, Tsukuba.

Kokorozashi

voluntad

La silueta del cerro

Partiremos en una hora a Japón

—He cantado bajo infinitas estrellas

y el corazón viaja conmigo.

Manantial de estrellas,

chakakuna pukyu

qué tu canto nos llene de luz.

México,

La noche por fin está en calma

los geranios del balcón,

las gatas,

las aceras húmedas

y el frío hueso del acero.

Qué tu luz en las diez mil direcciones

nos lleve a la suave mañana.

Casas Grandes, Narvarte, Ciudad de México.

26 de septiembre

Mis palabras florecen,

me he quedado dormido,

en mi sueño florece la Tierra.

Sobrevolando la Isla de la Tortuga.

Amé con todas mis fuerzas

y encontré el rostro de Dios.

A 11887 metros de altura.

Higurashi

¿Sonidos de *higurashi* o concierto de otoño?

Ichinoya, Tsukuba, Japón.

Higurashi (Tanna japonensis) es una especie de cigarra de suave canto.

Hyōtarō ike

El estanque Hyōtarō

Libros poderosos
también se hunden
en este estanque donde saltan las ranas.

Pero el canto del *higurashi*
brilla toda la noche.

Ichinoya, Tsukuba, Japón.

Hanabira

Pétalos

—Para abrirse, los pétalos de la flor deben de ser flexibles.

Dice Andrés González (Chirito).

El que habla con el viento y el pasto

Flor que correrá como este viento

flor que brillará como estrella

canto de árbol profundo

íntegro

brotando en su propia música

bordado en sus ríos

que surcan las primeras eras

Tiende la mirada de todos los días

al canto de una fugaz estrella

que aparece frente a mi vida

flor que nace en la fugaz mirada

Gran viento

que hace volar el otoño

donde el pasto baila

que haces subir el incienso

del verano y la primavera

Flor que nace en la fugaz mirada

canto de fugaz estrella

al son del instrumento

del corazón

¿con qué visión

nos darás la mirada

con qué pensamiento nos darás a Dios en la tierra?

—Cantando en la ola solar

puse la voz en la nariz

para volverme pájaro

y conmover los vientos—

Qué viva

el mar

el día

el aire

Cantando en la ola solar

brilla la letra

Y naciendo apenas

como una flor,

naciendo apenas

como rocío de sílaba,

naciendo apenas

como aurora de palabra,

dice:

¡Ésta es mi mirada

entera

como el mundo

nueva

en una gota!

12 de octubre, 1 de noviembre, Ichinoya, Tsukuba, Japón.

Mayo, 2024, Ninomiya, Tsukuba, Japón.

Sobre la banca

una mantis religiosa.

Pasos de tai chi.

Octubre de 2017, mayo de 2024.

Shokubutsu mihon kōen (Jardín botánico), Ichinoya, Tsukuba.

Como granadas

que aroman los campos.

Rojas libélulas.

A los pies del Monte Tsukuba, después de la primera excursión,
Ichinoya-Usui, Tsukuba.

Mayo de 2024, Ninomiya, Tsukuba.

*(Un pequeño viento hace remolinos entre las hojas
caídas)*

En nosotros
la inmortalidad es el viento
que lejos de su último nombre
vuelve a nacer
descalzo y travieso
como una flor de cosmos
como el brillo gentil
de un grano de arena
como el sonido de la flauta
que responde
al corazón:

¡Hola!

Ichinoya, noche, 2017.

Sueño

En su hogar el poeta escribe:

Que el sonido que buscas
sea como el agua que baja
de la cumbre

Que la voz que buscas
sea una con el viento
que trae la lluvia

Que la inspiración que buscas
sean los colores del amanecer

Que la sabiduría que buscas
sea una con el amor que das

Que tus sueños sean transparentes
como un sueño con bellos pájaros

Que tu baile, poeta,
sea uno con el baile de las estrellas

Que tus palabras caigan
como una llovizna que empapa el alma
y tu canto continúen escuchando
las estaciones venideras

Y seas siempre antiguo y nuevo
bailando en el ápice
de una rama
en el centro de los puntos cardinales
saludando a la Madre Tierra
escalando los montes
y aclarando senderos

¿Por dónde canta el corazón
de todas las voces?

Este es poeta,
tu regreso a la Tierra.

Shokubutsu mihon kōen (Jardín botánico), Ichinoya, Tsukuba.

Una mañana.

Mariposas

Hoy ha aclarado el día, el viento que sopla entre los árboles sienta maravilloso.

Cada vez me acostumbro más a sorber los fideos soba y me gusta más el *sansaisoba*.

Mañana cortaré flores silvestres para la ofrenda de mi padre.

Ichinoya, Tsukuba, Japón.

31 de octubre

Sueño

*—Para mí siempre serás
el ñau con el que escuché nacer—*

Ichinoya, Tsukuba.

Papá, aquí te hago tu ofrenda
aquí, donde han comenzado
a caer las hojas.

Ichinoya, Tsukuba.

Hyoutarō ike

Estanque Hyōtarō

Luna Llena
los fuegos artificiales
se hunden en el estanque.

Ichinoya, Tsukuba.

En la claridad
y el amor
están los siglos
que faltan
por vivir
a la humanidad.

Tokio.

Rey de reyes

Dijo:

— La palabra
que es de oro
se despierta como el sol
para florecer cada mañana—

Ichinoya, Tsukuba.

—A veces, las cosas que nos parecen imposibles suceden—

Había alimentos de todas clases,

alimentos pequeños y grandes,

plantas pequeñas y plantas grandes.

Los animales enseñaron el camino.

Y moliendo entonces las mazorcas amarillas

Y las mazorcas blancas,

Hizo Ixmucané nueve bebidas

Y de este alimento provinieron

La fuerza y la gordura

Y con el crearon los músculos y el vigor

Del ser humano.

Esto hicieron los progenitores Tepeu y Gucumatz.

Popol Vuh III-1

Shunyō

Sol de primavera

Nací en un árbol

la luz tocó con su luz mis ojos

el sueño y la vida

fueron alumbrados en mi corazón

Viajo

ahora que mi hogar es el camino

mi palabra es como la luz de una estrella

Para cultivar la ruta, viajero

conciencia, visión, oído

y el sudor del esfuerzo

que limpia más que un baño

en diez mil cascadas

Después de un buen día de esfuerzo

sonríe el Dharma

y mi corazón

y el descanso

son lo mismo

Ichinoya, Tsukuba.

Viajero del día, viajero de la noche

El vendaval se llevó los libros

pero el corazón te dice:

> —*aquí estoy,*
>
> *¿acaso no habías visto*
>
> *que ya es primavera?*

Las palabras de los Budas son ilimitadas

vastas como el mar

profundas como la luz de una estrella

porque manan del entendimiento

del corazón de la vida

y el amor inconmensurable

de la luz de la primavera

que despierta al arroyo.

Ichinoya, Tsukuba,

Solsticio de primavera.

31 de enero, 2018

El pájaro que va volando

para David Parra

En el viento voy cantando

como viento

en el agua voy cantando

como agua

en el monte voy cantando

como monte

Sol Verde

voy cantando.

Ichinoya, Tsukuba.

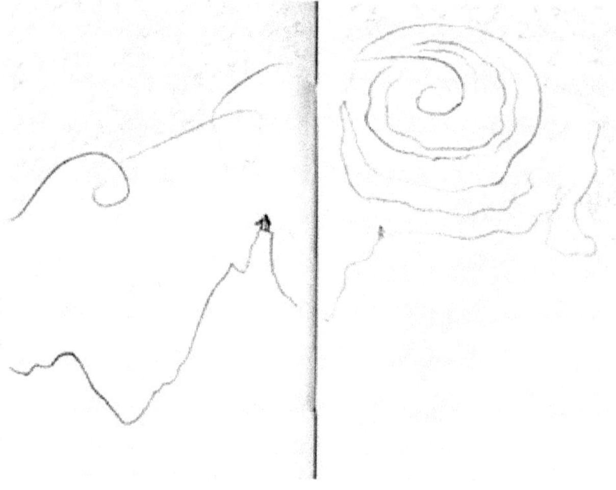

www.ingramcontent.com/pod-product-compliance
Lightning Source LLC
Chambersburg PA
CBHW070550160726
48003CB00005B/1980